ESTÉTICAS EFÍMERAS

La fugacidad artística en la cultura rock y los situacionistas

Jorge S. Mele

ESTÉTICAS EFÍMERAS

La fugacidad artística en la cultura rock y los situacionistas

Jorge S. Mele

nobuko

Mele, Jorge S.
    Estéticas efímeras. - 1a ed. - Buenos Aires: Nobuko, 2009.
    72 p.: il.; 21x15 cm.

    ISBN 978-987-584-198-7

    1. Arquitectura. I. Título
    CDD 720

Diseño de Tapa: Sheila Kerner

Diseño general: Miguel Angel Novillo

Corrección: Cristina Álvarez

Hecho el depósito que marca la ley 11.723

© 2009 nobuko

ISBN: 978-987-584-198-7

Enero de 2009

ÍNDICE

PRÓLOGO

DESDE EL MAR DEL NORTE

En 1964 me hallaba en Inglaterra, previamente había pasado por Rotterdam donde estuve unos pocos días, pero los suficiente para que sintiera el deslumbramiento de la nueva arquitectura contemporánea.

Caminando por la Lijnbaan el maravilloso centro peatonal diseñado por Van der Broek y Bakema según las ideas del Team X, tuve los primeros indicios de un nuevo mundo que contenía la cifra prometida de la modernidad. Un tiempo histórico futuro se desplegaba ante mí sin que yo fuera demasiado conciente.

Luego, la ciudad de Cardiff, en Gales. En ese entonces negra y oscurecida por el carbón, la contaminación y la inestabilidad climática. Era el mes de Febrero. Hasta que finalmente llegamos a Birkenhead, una ciudad obrera e industrial, construida en torno a los astilleros navales Camell Laird, separada por el río Mersey de la hoy capital cultural de Europa: Liverpool.

Algo notablemente diferente sucedía; era el clima del estado benefactor británico de la segunda posguerra; los jóvenes ocupaban un lugar de emancipación y ruptura con la moral victoriana aún imperante. Fui conmovido por esa inesperada ebullición artística que señalaba un conjunto de actitudes de notorio cambio cultural.

La Beatlemanía, resonaba más allá de la ciudad que vio surgir a John, Paul, George y Ringo. Era el apogeo del Merseybeat, toda una movida artística musical que invadía al Reino Unido y que por ese entonces comenzaría a extenderse como una verdadera revolución estética por todo el mundo.

Yo no sabía que habría de ser arquitecto, es más, para ese entonces no era una problemática que me formulara, simplemente me sumergí en el frenesí de tales acontecimientos. Despues de haber escuchado por primera vez "She Loves you", tuve la evidencia clara de que tales cambios modificarían el resto de mi vida.

Estas notas que hoy presento por escrito, son como ráfagas de memoria e intentos de fijar emociones y sentimientos, frágiles pero efímeramente bellos.

Fueron y son parte de experiencias que he sentido la necesidad de compartir de esta forma, pero que fundamentalmente me permitieron abordar mi formación posterior con ese espíritu de cambio e inconformismo con que se abrió esa inolvidable década.

¿ES SÓLO ROCK&ROLL?

Como un vendaval emocional arrollador han pasado los Stones por Buenos Aires. Verano en la ciudad. Nostalgias de los sesenta, dame refugio. Los mimos paseando por la plaza vacía del edificio Economist de los Smithsons en Blow Up de Antonioni, un fresco del "Swinging London", los Yardbirds ritualizando la estética de la destrucción en la misma película. Los Rolling filmados por Godard, One plus one, símbolos revolucionarios. Sus caras transfiguradas como pinturas deformadas de la obra de Bacon. Juega con fuego. Los barrios bajos de Liverpool, el Merseybeat, sus ladrilleras arquitecturas para sectores populares. 1964. Brian Jones fue arrebatado por sus fans del escenario y ellos siguieron tocando. Chica tonta. Mucha cerveza crepuscular. El puente de Londres. Mi generación. La ruptura con la moral Victoriana. Los ideales de progreso y crecimiento ilimitado. El cambio, la nueva izquierda, la libertad. Mass-media. Jagger&Richards bailando desnudos en Machu Picchu. Pop Art, la nueva dimensión de lo cotidiano. La revalorización de la calle, el barrio, "los clusters". Los Team X. La preocupación social de los arquitectos. El London County Council. El conjunto de Rohampton, Le Corbusier revisitado. Sólo quiero hacerte el amor. Mary Quant, las minifaldas. Ritmo y blues, los lados obscuros del corazón. El magnetismo de la transgresión. La ciudad está hecha por idiotas. El tiempo está de mi lado. El primer Stirling, la tradición funcional inglesa. Los Animals bajaron de Newcastle. Las New Towns. Siempre ligada a tu canción predilecta la memoria de tu tiempo. Pasemos la noche juntos. La juventud como sujeto social y las universidades libres. Revueltas estudiantiles. Décimo noveno colapso nervioso. Mods y rockers. La guerra fría. Harold Wilson. De Gaulle. Los estados benefactores. El apogeo de las economías desarrollistas. La eficacia de la tecnología. Arquitecturas de crecimiento y flexibilidad. Las utópicas visiones irónicas de Archigram. La gira mágica y misteriosa de los Beatles. El Magic Bus de los Who, salía de Ámsterdam para Kaatmandú. La última vez. Jóvenes de clase obrera. Nosotros te amamos. Los nuevos espacios antropológicos de la fiesta: los recitales de rock. Inicios, apogeo y caída. Monterrey Pop; Woodstock y Altamont. Hell Angels. La guerra de Viet-Nam. Todo lo que necesitas es amor. No puedo tener satisfacción. La nueva crítica. Las ciudades móviles. Megaestructuras para "los hijos de Marx y Coca Cola". Casius Clay. Luther King. Démosle una oportunidad a la paz. El poder de las flores cromatiza la vida gris de lo establecido. La contracultura sacude al tío Sam. Los aviadores de Jefferson sobrevuelan la muerte agradecida. Mao. Fidel. Che. Los países no alineados. Hombre que pelea en la calle. Los Kinks no se van de Londres. Mayo del 68, es la imaginación al poder. Píntalo de negro. Simpatía por el demonio. La Primavera de Praga. La Matanza de Tlatelolco, el hombre en la luna...

Un fragmentado remolino de recuerdos se ha instalado en mí hace una semana y no es sólo rock&roll.

1967. EL AÑO PRODIGIOSO

Las transformaciones que afectan al imaginario y las representaciones culturales ese año dejarían huellas precisas de los cambios que, suscitados en el interior de las sociedades opulentas, modificarían definitivamente y sin retorno pautas artísticas tanto como sociales.

Todo había comenzado con el verano del amor -summer of love, como inicio de una deriva inolvidable, la juventud de los países industrializados presiente y busca nuevas motivaciones fuera del mundo del control administrado de pautas prefijadas por las moralidades establecidas.

Nuevos giros en el pensamiento y los comportamientos se abren a experiencias dinámicas de cambio, audaces experimentos vitales rompen las barreras de lo posible. Son los jóvenes protagonistas de una notable reformulación estética que afectaría todos los órdenes de la vida. Luego de aquel verano, los tiempos del evento instalarían la forma abierta como registro de las delimitaciones que en las distintas esferas del arte se producirían.

En las mutaciones de la cultura del rock se generan formidables eventos, a veces tan desmesurados como creativos. Serían estos ámbitos en donde se producirían uno de los cambios escalares más significativos, ya que sus espacios, representaciones e imágenes desde 1964 venían velozmente sucediéndose en una vorágine inédita de reformulaciones e invenciones.

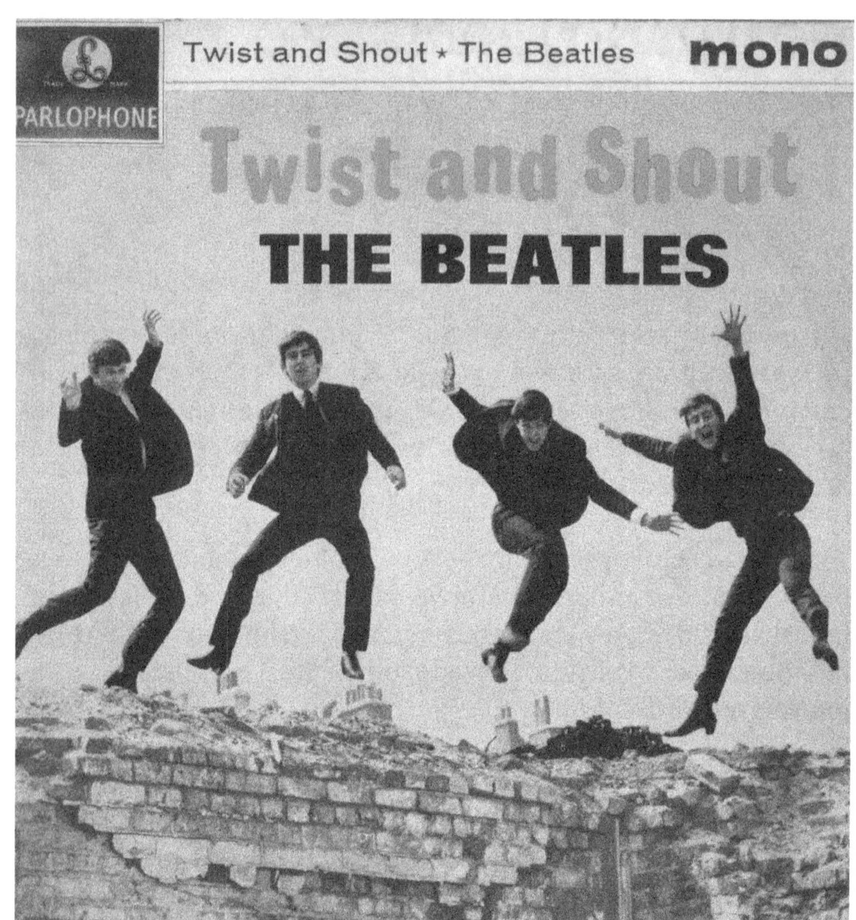

Twist and Shout ★ The Beatles
mono
PARLOPHONE
Twist and Shout
THE BEATLES

VÓRTICES DE CAMBIO

Los efectos del Merseybeat, se percibían en toda Inglaterra. La onda expansiva del estallido beatle arrasaba toda permanencia de las representaciones victorianas tardíamente heredadas.

Los hijos de la segunda posguerra habían traducido su desencanto por los acontecimientos históricos en una estética ética del "codo a codo" que privilegiaba lo colectivo frente a lo individual y la creación grupal ante los intentos artísticos en solitario.

La ciudad de Liverpool había sido el lugar donde esta verdadera marea roja de la cultura había estallado en la meticulosa traducción del rock and roll que venía de los Estados Unidos. Pero la vieja ciudad industrial de profunda matriz obrera, ofrecería más que la posibilidad de los intercambios portuarios con ultramar.

Ella cobijaría la posibilidad de escudriñar los horizontes de transformación de un nuevo sujeto colectivo naciente potenciado por la modernidad tecnológica y cambios de hábitos de clase basados en las rupturas de los cánones comportamentales y sociales.

Algo se había movido en la conservadora Inglaterra de los años sesenta que se mundializaría en muy poco tiempo. No eran ajenos a esta situación cambios sociales ni el impacto de los medios de reproducción técnica, que como la radio, la televisión y la industria discográfica contribuían a desplegar constelaciones estéticas francamente contestatarias.

En The Cavern, había sucedido uno de estos inicios, un lugar apto para la ritualidad de la fiesta que ya presentaba el rock como evento que desprejuiciadamente proponía la alternativa de recrear vitalmente la vida misma.

Un lugar propio de una arqueología que cambia de destino y que produce el advenimiento de lo maravilloso. En la rivera del río Mersey surgiría un tipo de sonido tan avasallante como cuidado que no tardaría en seducir los sofisticados clubes de Londres. Gerry and the Peacemakers, The Formoust, The Searchers, Billy J. Kramer and The Dakotas, The Merseybeats, The Mojos, The Escorts y naturalmente The Beatles, serían algunas de las bandas de Liverpool que rápidamente difundirían la nueva sensibilidad musical.

Pero esta ciudad no era la única, de Manchester vendrían The Hollies, de Newcastle The Animals, de Richmond The Rolling Stones y de Muswell Hill The Kinks. Así en Londres se produciría el lanzamiento de cada uno de estos grupos y su difusión en una escala mayor que la local de sus propias ciudades de origen. Sin embargo la marca de pertenencia tardaría en ser difuminada por el proceso de universalización que aguardaba a ciertas bandas.

Londres, por lo menos hasta 1966, fue la capital de inevitables búsquedas artísticas vinculadas a una nueva sensibilidad, clubes como el Marquee, Crawdaddy o Ufo, con auras similares a The Cavern, nucleaban y promocionaban estas miradas. Algunos grupos como Manfred Mann, sin ocultar su filiación jazzística y la notable influencia de la Graham Bond Organization y Alexis Corner.

Eran espacios recorridos por las atmósferas existencialistas predominantes en ese tiempo histórico, tal como se puede apreciar en las portadas de algunos discos de cuidados contrastes entre blanco y negro como en Whith the Beatles por ejemplo. Lo cierto que el espíritu de grupo selecto, lo recóndito, cierta oscuridad y códigos compartidos daban cuenta de lo subterráneo de dichos lugares.

Dicho esto no solamente en forma literal, sino metafóricamente, ya que como lugares de semi-clausura, estos espacios cerrados propiciaban la interioridad como culto de las nacientes experiencias sociales, culturales y estéticas. Poca luz, mucho humo, música, escaso acondicionamiento, solamente lo imprescindible para el experimento.

Pero, fueron la radio, la televisión y las competiciones auspiciadas por el Daily Telegraph las que brindarían los impulsos necesarios para trascender la escala reducida de ciertas presentaciones. Los recitales del D.T., tenían la finalidad de premiar a las mejores bandas, que una a una subían a un escenario fijo y con los mismos instrumentos tocaban compitiendo por un premio que fundamentalmente promocionaba su presencia en todo el país. Siendo televisados, estos encuentros difundían los temas y las características especiales de cada grupo en una verdadera puesta en escena de la moda y los hábitos de clase de los jóvenes ingleses quienes liberaban tanto su rebeldía manifiesta como su talento creativo evidente.

Sin embargo fue Ready, Steady, Go, el programa televisivo que catapultaba cada nueva banda que aparecía en la constelación beat, o la presentación de los nuevos temas de las bandas más reconocidas. Adoptando el formato de la "cavern" el programa reproducía esas atmósferas de espacios reducidos, donde los chicos podían escuchar a sus grupos favoritos, bailar entre ellos y hasta conversar con sus ídolos. Ambos eran miembros de la misma clase y notablemente no había un hiato o separación entre espectadores y actores.

Una sensibilidad común, basada en un clima de alegría, de fiesta sustentada en el apoyo del grupo en ambientes cuyos espacios en oportunidades ponía de relieve experiencias plásticas y hasta arquitectónicas relacionadas con el arte contemporáneo basado en collage fotográficos y fragmentos arquitectónicos alusivos a la condición semi-oculta del ámbito colonizado por los poseedores de los nuevos códigos de cambio.

Allí se interpretaron por primera vez I want to hold your hand de los Beatles; Satisfaction de los Rollings o You really got me de los Kinks, entre alguno de los memorables temas. Los viernes por la tarde, la cortina de inicio del programa auguraba el fin de semana con unas configuraciones estéticas que montadas según la moda pop se preparaba para la diversión.

Katy McGowan, su anfitriona más notable, dueña de un glamour propio de los sesenta introducía los principales grupos del Merseybeat y su consecuente influencia en otras ciudades inglesas, inclusive la primera banda irlandesa, Them en la que ya se destacaba alguien que posteriormente tendría un crecimiento artístico notable: Van Morrison.

En los estudios de la BBC 2, lo más avanzado del rock en ese momento junto a las principales estrellas de Tamla Motown (Martha and the Vandellas; The Supremes o Marvin Gaye) y a los grupos norteamericanos de la costa oeste (principalmente los Beach Boys) y de Nashville (The Loving Spoonful).

Este formato, rápidamente fue copiado con ligeras variantes en los EE.UU., por programas televisivos dedicados a los jóvenes como Shindig, Hullavallo y Hollywood a go go. En Alemania por su parte, radio Bremen ponía en escena Beat Club con el mismo criterio que la BBC, difundiendo en el interior del continente la ola de nueva música.

AFUERA EN LAS CALLES

Para el año 1966, ya las letras y las imágenes que como representaciones ocupaban las inquietudes de las sensibilidades poéticas en dos minutos sesenta o quizás tres, agregaría temáticas urbanas

READY GO

y de conductas generacionales donde se acusaban problemáticas específicas de grupos sociales emergentes.

La portada del primer L.P. de los Who, mostraba a sus cuatro integrantes teniendo como fondo un emblema arquitectónico de Londres, la neogótica torre del Big Ben, situando en un espacio urbano concreto a una banda que no dejaría de experimentar con la moda, los sonidos y la autorreflexión comportamental.

Las canciones habían dejado de ser meras repeticiones del modelo definido por melodía, dirigidas a la celebración adolescente del primer amor para problematizar esas propias situaciones e incluso cuestionar aquella condición.Algunos temas de los Beatles y de los Rollings ya habían planteado estas cuestiones, pero fueron los Kinks y los Who quienes, desde la ironía los primeros o la crudeza los segundos, se acercarían a la verdadera naturaleza de la condición juvenil.

My Generation, fue el tema central sobre el que comenzaba a girar esta pequeña épica de las bandas inglesas, rompiendo barreras, irritando, provocando y generando aquellas estéticas efímeras próximas a la auto destrucción o la agresión.

En efecto, no solamente como íconos de los mods, The Who se impuso como una representación vital del desgarramiento generacional, sino que incorpora una escena, que no tendrá parangón en la constelación donde sus participantes precisaban particularizarse e identificarse fente al resto.

Es cierto que en su primer película "A hard days night", los Beatles habían introducido una mirada hacia la ciudad, conjuntamente con Richard Lester su director, que reflejaba claramente los contextos en cada actuación de los "fabs tour" y que incluso hay una notable secuencia de Ringo Starr donde realiza una "deriva"

por los exteriores de Liverpool poniendo de manifiesto una mirada sobre los márgenes y suburbios de la ciudad.

Pero, en los temas y las actitudes de los Who, los Kinks, hasta en los Small Faces aparecía una propensión a mostrar comportamientos, costumbres mediante eventos estéticos; los que ya asumiendo coreografías particulares internalizaban una escala de problemáticas urbanas que había trascendido los primeros espacios iniciáticos de clausura.

Un tema de los Small Faces, "All or nothing" es presentado en un formato de película donde se los muestra en la calle, tocando para sorpresa de los paseantes distraídos en el espacio público regis-

trando el estupor de la gente ante la inesperada presencia. Demostrando mediante esa impertinente irrupción una provocación suave, plena de estetización, donde no solamente se destacaba la notable melodía del tema, sino la vestimenta de los integrantes del grupo y sus cuidados peinados.

WATERLOO SUNSET

Cuando, este tema comenzó a difundirse por las radios, los Kinks entre la naciente psicodelia y la idiosincrasia inglesa prefirieron revisar con la ternura propia de una historia de amor común, el atardecer de la estación de Waterloo. Nunca antes se había registrado tan intensamente la relación entre los lugares urbanos y el acontecer de los habitantes de la ciudad.

En la cumbre de su capacidad creativa, Ray Davies, había desarrollado una de las más finas representaciones del imaginario londinense, fijando con toda la fuerza de la esperanzada melancolía del amor, un lugar, un instante... pero, para siempre como signo de pertenencia.

W.S. planteaba esas imágenes plenas de impresiones, con luminosidades del atardecer, del movimiento de la gente, del paso de un estado emocional a otro, en un lugar preciso de una ciudad concreta, ahora y siempre.

El autor se colocaba fuera del tema para relatar, narrando con cámara en mano -dicho esto en sentido figurado- las distintas transfiguraciones entre sentimientos e imágenes urbanas. Su entrelazo demostraba una consubstanciación existencial como bien hubieran querido los Smithson que se reflejara el sentido de lo urbano: mediante los sucesos que la caracterizan.

Sin apresuramientos, las líneas de la canción se desplegaban creando un clima muy especial donde una atmósfera musical sutil representaba lo efímero en lo permanente.

Pero, a fines de 1966 ya se había manifestado una sensibilidad heteróclita, "See Emily play" de Pink Floyd, grabado en los estudios Abbey Road y luego "Arnold Lane", pondrían en juego unas búsquedas que dejaban atrás esquemas musicales de formato canción, aventurándose experimentalmente en las exploraciones de los límites sonoros de la tecnología y de renovadas prácticas vivenciales.

Sin embargo fue The Jimi Hendrix Experience, la banda que cuando edita "Purple Haze" cambia de rumbo abruptamente el curso de la música pop, inscursionando por una práctica vital artística vinculando sin hiatos arte y vida, casi a la manera de un Van Gogh de los años sesenta.

La Experience y en particular Jimi Hendrix, llevan más lejos que nadie fusionadas búsquedas entre arte y vida. Ellos incursionan en los universos de la psicodelia poniendo en primer plano la desestructuración de los tradicionales cánones del rithm&blues, instalan en cada presentación la búsqueda del instante mediante la improvisación y la autonomía de roles en las diferencias entre las líneas musicales desarrolladas por Noel Redding en bajo, Mitch Mitchell en batería y el mismo Hendrix en la interpretación de la guitarra explorada en todas sus posibilidades.

Crosstown Traffic y Maniac Depresion, dos temas muy significativos de sus primeras grabaciones, son la elocuente muestra de la manera como son atravesados por la conflictividad de las representaciones contemporáneas de la alienación y la angustia. Relato y distorsión musical se entrecruzan configurando un escenario caótico y revulsivo. El trío barrió con todas las convenciones esperables del músico estrella.

LAS MUTACIONES DE LA FIESTA

Hay dos secuencias fílmicas notables que revelan el espíritu que por ese entonces representaba los cambios generacionales; una es en "Blow Up", la película de Michelangelo Antonioni, interpretada por Vanessa Readgrave y David Hemmings, sobre la base de un texto de Cortázar.

En ella, en el interior de la escena londinense, en un club privado escondido en algún intersticio de la metrópolis inglesa los Yardbirds interpretan "Stroll on", en medio de un estetizado espacio caracterizado por la moda y posters pops que enfatizan la cultura mod, se produce un desperfecto en el equipo de sonido de Jeff Beck y éste destruye la guitarra tirándola entre el público.

Los asistentes al recital pugnarán por los fragmentos fetichizados del instrumento, mientras el grupo sigue tocando y el protagonista D.H. se apodera del mismo y escapa del lugar. Pero el solo hecho de sacarlo de su medio ya es un signo en sí mismo, el objeto ha sido no sólo descontextualizado sino despojado de su sentido originario. Y esto es un indicio de un proceso mucho más grande que se estaba sucediendo.

En otro film, Pink Floyd, London 66-67, el director Peter Whitehead, presenta las secuencias en estudio donde la banda graba "Interestellar Overdrive" resaltando la figura de Syd Barret.

Pero me interesa poner de relieve los fragmentos donde se muestran las catorce horas de sueños en tecnicolor en el Alejandra Palace, en el que ininterrumpidamente se suceden, sin otra lógica que la del acontecimiento una serie de eventos artísticos abiertos donde público, artistas se confunden con sus objetos presentando una constelación inédita orientada hacia una experiencia artística integral.

En un contenedor cerrado se suceden situaciones imprevisibles, lúdicas, multicolores, así como encuentros imprevistos, las que han de culminar en una manifestación de Yoko Ono produciendo una acción desvistiendo una modelo con precisos cortes de tijera exhibiendo su cuerpo como parte del evento accionista. Éste es otro signo de una mutación que solamente bajo la metáfora de la fiesta pueda dar lugar a una interpretación de los vientos de cambios que nos llevarán al verano del amor.

EL VIAJE

A fines del año 1966, comenzaba a desplazarce el baricentro de las intensas transformaciones de Londres hacia San Francisco, de Carnaby Street y Kensington Road se había pasado a Ashbury High. Los efectos de la generación beat: Kerouac; Ginsberg; Casady se hacían sentir en el clima anti-bélico instalado por la guerra de Viet-Nam.

Los jóvenes reaccionaban en paz pero también dejaban la huella de su rechazo al establishment con la marca de la "contracultura" y lo subterráneo. Ese verano confluirían de todas partes de los EE.UU. y particularmente de Europa e Inglaterra, aquellos desencantados de las herencias conservadoras y Macartistas en la cual habían sido educados para iniciar una nueva era, de belleza, paz y amor.

Particularmente en la costa oeste de los Estados Unidos de América, más particularmente en San Francisco y Los Angeles habían surgido una serie de bandas cuyo sentido ideológico inequívoco planteaban un abandono de la tonta canción de amor, delineando un compromiso en experiencias con modos comunitarios de la existencia, de un inusitado acercamiento a la naturaleza y a todo tipo de experiencia alternativo en el campo físico y espiritual.

Jefferson Airplane; Grateful Dead; Moby Grape; Big Brother and the Holding Company; Quicksilver Messenger Service y The Mamas and the Papas, en San Francisco. Los Doors; Byrds; Iron Butterfly; Steppenwolf y Love en Los Angeles. Fueron algunos de los grupos que trascendieron el escenario local dándole un perfil de pertenencia a un tipo de sonido que había madurado independientemente de la British Invation, canalizada por el oficialista Ed Sullivan Show, en un intento de dominar la bestia, que finalmente resultó imposible.

Los aullidos habían sido dados desde el interior del american way of life, el Tío Sam y los wasp se resquebrajaban aparentemente frente al poder de la flores.

Timothi Leary y Ken Kensey, profetas lisérgicos y de la vida en comunidad estimulaban los imaginarios de los claustros universitarios incitando a romper con ataduras societales que inevitablemente conducirían a la alienación.

Martín Luther King, lideraba el movimiento antisegregación por el reconocimiento de la igualdad de los derechos de la negritud en todos los estados, pero que también representaba la voz de los diferentes y desclasados en general.

En tal clima, se entrecruzaban las intensas reivindicaciones buscadas por los sin voz, con el nuevo día anunciado por esta inmersión en una renovada vida espiritual, en contacto con la naturaleza y en el conjunto comunitario de redes de exótica belleza y de liberación del deseo.

Las bandas de San Francisco y Los Angeles, representaban en su conjunto estas cuestiones y particularmente señalaban modos de identificarse con esta vida mutante mediante las singularidades de sus sonidos cuyo templo, hasta ahora había sido el Fillmore de David Graham. Pero, lo colectivo de esta experiencia pedía otra escala, cada vez era mayor la necesidad de encontrarse y compartir estos modos de vida.

La música habría de generar el tejido conectivo liberador de pulsiones reprimidas, para que los sentidos adormecidos por el consumismo descubrieran, los cuerpos, el otro y el universo infinito de la creación en una perspectiva política y panteísta a la vez.

Cuando las canciones de Scott Mackenzie y The Flowers Pot Men, San Francisco y Lets Go to San Francisco fueron escuchadas por primera vez. A no dudar que estaba indicando la nueva ruta de peregrinación, allí donde lo imaginado fuera posible... "llevando flores entre tus pelos"...

MONTEREY POP FESTIVAL 1967

Durante los tres días de junio que duró el encuentro, se sucedieron una cantidad de situaciones que demarcaron este salto de escala cualitativo que implicaba un imaginario polisémico, iridiscente y multicultural.

Como una verdadera heterotopía la ciudad de Monterey en el Estado de California cobijó esos días el sueño utópico de la revolución y la transformación permanente de la artistización nomádica de las vidas.

El jazz era eclipsado por el rock que estaba interpretando las búsquedas del presente; de todas partes los jóvenes convergían con un clima de fiesta esperanzados en un sentimiento colectivo de liberación.

Polícromo, divergente, heterogéneo el encuentro reveló las potencialidades de la diversidad y la preocupación por la expresión de los sentidos reprimidos por la normatividad de un sistema que obligaba permanentemente a cosificarse en una fetichización enajenada.

La música era una suerte de religión, sus oficiantes las bandas y la liturgia un entrecruzamiento entre discursos, gestos e imágenes que señalaban a la multitud, esta multitud, como el centro de las iluminaciones.

Una enorme brecha generacional se había abierto, un horizonte expandido de las conciencias se desplegaba en multiplicidades, intensidades y sentidos impredecibles, plenos de dicha y alegría por la pasión del experimento social riesgoso. Era la vida en comunidad, el amor libre, el fin de la familia, Dionisos expresando su libertad, la de Withman, Thoreu,…

John Phillips, integrante de The Mamas and the Papas había sido el mentor de este multitudinario meeting-point de doscientas mil personas, se recibía la receptividad local de los festivales de jazz que en la localidad se producían anualmente. Pero esto era el rock, una cultura totalmente distinta.

Las bandas de la costa oeste fueron las anfitrionas, de Inglaterra vinieron Eric Burdon y los nuevos Animals; The Who; The Jimi Hendrix Experience, pero sobre todos los presentes la figura de Ravi Shankar el maestro hindú de sitar quizás haya concitado una de las mayores expectativas del encuentro.

El afiche que anunciaba el evento mostraba un fauno con su flauta augurando el clima liberador del mismo, abriéndose a toda una línea de arte en el rock que ya estaba siendo transitada con singularidad por los afiches del Fillmore west. La polícroma imaginería psicodélica dominaba estas imágenes en oportunidades con ligeras reminiscencias Art-Noveau.

La figura de Pan, representaba contundentemente el espíritu de la celebración, la música, la fiesta, la liberación de los sentidos y las aperturas de las puertas de la percepción a universos infinitamente paradisíacos aunque ciertamente impredecibles.

El film de Pennebaker, registró sentando un precedente artístico imprescindible, los coloridos itinerarios de la gente asistente a los conciertos diarios y el entremezclarse de los músicos con el público en un espectáculo único de integración.

El mostraba, la multiculturalidad del encuentro, la presencia de los niños, el extrañado mundo de la moda que dejando atrás el refinamiento de los mods introducía desde el exotismo oriental hasta la rudeza de los atavíos de las tribus sioux. Se pudo ver a integrantes de los Beach Boys, a Brian Jones, Manfred Mann, Candice Bergen, Donovan, personalidades artísticas de relevancia caminando entre la gente, conversando... compartiendo el espíritu de las flores.

LA IRRUPCIÓN DEL ACONTECIMIENTO

Las presentaciones en el escenario habían sido previstas de manera de planificar un crescendo con un clímax final protagonizado por The Mamas and the Papas quienes cerrarían con su actuación el festival.

Las actuaciones se sucedieron poniendo de relieve las singularidades de los intérpretes dentro de la constelación estética que la atmósfera experimental planteaba.

Los viajes lisérgicos de Jefferson Airplane, Grateful Dead o Big Brother and the holding Company colorearon con sus lights shows las tardes y las noches abriendo los espacios de la mente a la exploración química de una poética tan extravagante como surreal.

En un clima generalizado de libertad de expresión y un orden llamativo, casi no hubo desbordes, irrumpió el acontecimiento de la mano de acciones artísticas no previstas.

Sus protagonistas principales, fueron los Who y Jimmy Hendrix. Los primeros en el crescendo final de la interpretación de My generation, arremeten contra sus instrumentos, so pretexto de un cortocircuito e incendio en uno de los equipos... Pete Towsend estrella su guitarra contra el piso y Keith Moon se desprende de la batería a patadas, desarmándola frente a la mirada atónita del público, que no alcanza a entender los límites de la propuesta estética cuando ya el ruido y la destrucción desbaratan el escenario, donde momentos antes se había planteado una de las presencias musicales más llamativas.

La banda abandona la escena en el medio de una situación caótica donde hasta el final solamente Entwistle intentaba sostener la base rítmica. Curiosa metáfora la de la destrucción, que se ponía en juego con toda la fuerza de la realidad en el contexto de la celebración del amor.

Por su parte Jimmy Hendrix, en medio de su particular interpretación de Wild Thing, el éxito de los Troggs, incendia su guitarra y provoca una ritualización negativa.

La controvertida actitud deja al descubierto la forma en cómo se cuestionan los límites convencionales, incluso de las mismas situaciones autogeneradas. Los Who y Hendrix, hacen aflorar lo reprimido y lo siniestro que se condena en la escalada antibélica a favor de la paz; ésta se vuelve sobre sí misma declarando la presencia de la posibilidad misma de no poder sustraerse a la destrucción.

El acontecimiento es impredecible, por eso es sorpresivamente efímero e inolvidable, marcan y dejan huellas en los imaginarios, señalan contradicciones, aporías o traumas históricos.

La señal era clara, la fiesta se consustancia con el sacrificio, el artífice es el músico, pero es la situación la que crea la oportunidad, cuando se relajan los resortes de la racionalidad.

Este inicio seguiría todo un itinerario posterior que no haría otra cosa que reflejar las tensiones propias del género, diferenciando aquellos artistas que extreman su perfomance como una forma de vida indiferenciada del espectáculo y aquéllos que simplemente se mueven con mayor o menor calidad dentro del género sin cuestionamientos.

Esto no sucedía para los Who y la Experience, sus trayectorias posteriores serían testimonios dramáticos de este vértigo entre la música y la vida explorada por la inquietud de una revolución posible. No solamente había que cambiar el mundo sino también la música mediante la que se interpelaba la realidad.

Un lado contrario a estas posiciones fue la presentación de Ravi Shankar. Éste desde una concepción religiosa y mística de la música introduce en Monterey el espíritu trascendente de una estructura rítmica dinámicamente contemplativa. Los aspectos devocionales y meditativos, falsamente interpretados por su exotismo serían internalizados de una manera particular fundando una fecunda línea de refinada artisticidad espiritual.

Entre el clima de infinitud que proponía la música hindú que propendía a la introspección y la catarsis destructiva que consume la presencia del evento, se desarrollaron presentaciones que sin lugar a dudas fueron abriendo nuevas puertas a la percepción.

El clima de los poetas Beats, de Aldous Huxley, de Bob Dylan, de los Beatles, los Rolling Stones y de los Beach Boys inspiraba esos vientos de cambio que los New Animals interpretaron como el tema central del festival, allí Eric Burdon había escrito... "Creo que estoy en medio de un sueño"...

Claramente los recorridos confluían por voluntades y propuestas estéticas, pero no desprovistas de un sentido social profundo, en realidad ya se hablaba de "contracultura". Era ésta la pesadilla del Tío Sam, ¿es que el sueño americano no había previsto este rechazo generacional a un imperialismo desenmascarado?

Si bien no había consignas políticas explícitas, entre líneas se podía leer un grito en sordina de difícil contención, acaso el caos musical de Hendrix y de los Who, no fuera solamente el producto azaroso de la casualidad sino una forma de volver productiva la alienación y la angustia mediante la paradoja de la destrucción.

Pero hubo otros signos que movilizaron los vientos de cambio. En Monterrey la mujer se hizo presente como un manifiesto de su nuevo protagonismo.

Se identificaron en la enigmática figura de Grace Lick y la prodigiosa energía de Janis Joplin, por primera vez en sus grupos no había un vocalista líder que dirigiera sus presentaciones, en este caso las figuras femeninas de ambas cantantes incorporaba sensualidad y sutileza, pero también una desgarradora entrega, propia de un sentimiento específico de liberación de estereotipos.

Nunca nadie había cantado como lo hacía Janis Joplin llegando al estremecimiento dramático. Jefferson Airplane y Big Brother and the Holding Company llamaban la atención por esta carácterística especial que modificaba de plano una escena predominantemente masculina.

Dos de los integrantes de The Mamas and the Papas eran mujeres, Cass Elliot junto a Michelle Phillips formaban parte del cuarteto vocal más armonioso que en toda la música de rock se había podido escuchar.

Inolvidables melodías como California Dreaming en las voces maravillosas del grupo eclipsarían a los mismos Beatles o a bandas que como los Hollies o los Byrds habían hecho de sus armonías vocales su principal densidad interpretativa.

Junto a Ravi Shankar interpretaba tambora una mujer, entre la multitud se habían dejado ver Nico quien luego sería uno de los miembros fundadores de Velvet Andergroun y Candice Bergen la actriz sueca que pronto sería un ícono de la sensualidad y belleza de fines de los sesenta.

Monterey fue un punto de lanzamiento de la música negra, el cantante Lou Rowls, Hug Masekela y Otis Redding, se destacaron conmoviendo la escena, sobre todo este último con su estupenda Sitting in the dock of the bay.

También fue la presentación de una forma de tocar donde la improvisación extendía indeterminadamente cada canción rompiendo el molde del hit de pocos minutos.

Fueron precisamente los Grateful Dead quienes exploraron un formato musical muy abierto a la intuición momentánea de sus músicos, sobre todo de Jerry García quien experimentaba constantemente con melodías cambiantes, rupturas rítmica e hibridización de géneros. Caminos similares seguían Quicksilver Messenger Service, Country Joe and the Fish o Moby Grape.

VER, TOCAR, SENTIR

Abrir las puertas de la percepción, despertar la sensibilidad adormecida, reconocer los cuerpos, la naturaleza... amar como nunca se lo había hecho siendo todo y parte simultáneamente.

Juntarse y probar que se puede vivir de otra manera mediante un sentimiento orgánico y comunitario, todas estas cuestiones se reflejaron aquí.

Paradójicamente las tecnologías del mundo industrializado permitía retornos a lo más entrañable de la experiencia humana basada en una caleidoscópica miríada de grandes y pequeños gestos lo que se creaban a cada paso eran situaciones de búsqueda de gozo, placer en unas nuevas intensidades del reconocimiento de lo corporal.

Las prácticas yógicas, los mantras, meditaciones y concentración convocaban a percibir de otra manera el estar en el mundo. Ese algo en el aire que se realizaba tenía el lenguaje común de la música que todo lo enlazaba, se instalaba un presente continuo donde todo era posible.

Se produjo sentido donde nada había y se introdujo un lirismo en donde la poesía había desaparecido: la vida misma, ahora como acto conciente de ocultas pulsiones libidinales.

PRIMERAS LETRAS E IMAGINARIO DEL ROCK LOCAL

Notas para una microhistoria de los inicios.

"La música de rock es la llave que abrirá las puertas de la sensibilidad cerrada de nuestro tiempo". Los Gatos. (1970)

Los hechos culturales y artísticos de los últimos años del siglo XX, han instalado un conjunto de representaciones en las que ciertos géneros contribuyeron a configurar una sensibilidad proclive a identificar las profundas transformaciones históricas modificando códigos de relacionamiento y hábitos de clase.

Uno de los campos donde estos sucesos son refractados se verifica en las poéticas y las formas de la cultura rock. En tanto que en el lenguaje artístico, la transnacionalización es su signo y una propensión a la hibridación con otras formalizaciones, donde los fundidos y mezclas matizan las búsquedas de modos cada vez más imperiosos de comunicar las experiencias vividas a las que remite.

El rock es un medio expresivo donde la inmediatez emocional suspende momentáneamente toda intelectualización, para desmontar la realidad a través de unas estéticas efímeras pero efectivas, corrosivas, aunque también ambiguas.

Se trata de una forma que ha recorrido en todas las direcciones posibles el concepto de acontecimiento. Una banda en acción, es un evento espacial que funda una ritualidad donde el acto se consuma, confiriendo al lugar una marca inexorablemente ligada al transcurso de la fiesta, metáfora válida para resituar el fenómeno en el campo de las prácticas simbólicas colectivas.

LA CUEVA

"Rebelde me llama la gente / rebelde es mi corazón, / soy libre y quieren hacerme esclavo de una tradición. // Todo se hace por interés, / pues este mundo está al revés, / si todo hay que cambiar, / siendo rebelde se puede empezar, // ¿Por qué el hombre quiere luchar, / aproximando la guerra nuclear? // Cambien las armas por el amor / y haremos un mundo mejor!". Los Beatniks (1967).

Refugio de los márgenes, ámbito cerrado escasamente preparado técnicamente para las nuevas manifestaciones musicales; en ella se producía el encuentro y la socialización de la búsqueda por caminos diferentes a los transitados en rutinas predecibles. "La Cueva" de Pueyrredón y el bar-pizzería "La Perla" del Once junto al Instituto Di Tella en la calle Florida, fueron los ámbitos diferenciados en los que se concibieron sensibilidades afines. Ellos brindaron la posibilidad de plasmar un experimentalismo sin límites, juntando barrio y alta cultura, diletantismo con indagación, el divague con la imaginación, pero sobre todo desarrollando una energía visceral que rompería abruptamente los estereotipos modelados por el Club del Clan donde los roles, mansamente reproducían pautas ideológicas estables e irrevocables; respondían a estos cánones las figuras de Johny Tedesco, Palito Ortega, Lalo Francen, Nicky Jones, Chico Novarro, Jolli Land y Violeta Rivas.

"La Cueva", estaba en Pueyrredon 1723, allí funcionó el local Pasarotus, centro de encuentro para músicos de jazz, amantes del rock y del beat; frecuentaban el sitio Pajarito Zaguri, Moris, Lito Nebbia, Javier Martínez, Tanguito, Sandro y Billy Bond. En 1967, Los Beatniks, auténticos precursores, tocarían sus propios temas.

Quedaban atrás las imitaciones patrocinadas por empresas discográficas que habían impulsado el modelo formal de Los Beatles, que con la figura de Los Búhos y Los Shakers (uruguayos) había resultado su clonación más interesante. Los Beatniks cantaban en castellano, proclamaron la autenticidad y el rechazo a lo establecido, ligados a la deriva nocturna como una modalidad de asumir la "otra" ciudad, la calle y lo prohibido. Los Beatniks, integrados por Moris, P. Zaguri, A. Fernández Martín, Antonio Pérez Estévez y el pianista de jazz Jorge Navarro, grabaron un simple con dos temas "Rebelde" y "No finjas más", carecieron de difusión y sólo vendieron 200 copias; el grupo no perduró. Pero el impulso estaba dado para la formación de otras bandas en la misma búsqueda. Vendrán Los Gatos, Manal, Almendra, Vox Dei, La Cofradía de la Flor Solar, Arco Iris, La Pesada del Rock and roll, La Joven Guardia, Los Mentales, Sui Géneris, Alma y Vida, etc. Interesa en estas líneas revisar algunas trayectorias y configurar una constelación preliminar, construyendo una cartografía con la que precisar los inicios del nuevo evento artístico generacional.

EN EL CENTRO

The Wild cats, Los Gatos Salvajes, simplemente Los Gatos; el 23 de junio de 1967 editan el simple que nos permite afirmar la existencia de una apropiación auténtica, no enajenada, de un lenguaje artístico internacional; El rock se vuelve local con "La Balsa" (lado a) y "Ayer Nomás "(lado b).

Un recorrido que se inicia en Rosario (haciendo covers) termina en Buenos Aires, con cambios de nombre, integrantes y un marco metropolitano tan provocativo como reticente. Ellos demuestran que se puede cantar en castellano y que en dos minutos treinta segundos es posible desarrollar una narrativa que bajo la forma de canción recorrerá casi toda la trayectoria de la banda liderada por Lito Nebbia (vocalista, compositor), Ciro Fogliata (tecladista), Oscar Moro (baterista), Kay Galiffi (guitarrista) y Alfredo Toth (bajo).

La edición del simple vendió 200.000 copias un éxito que propició la aparición de su primer álbum. Las firmas de Nebbia y Ramsés para "La Balsa", así como la de Pipo Lernoud y Moris en "Ayer Nomás, daban cuenta de su procedencia propia de las ideas y expectativas de quienes frecuentaban La Perla del Once: la lucha contra la soledad, la lejanía de sus lugares de origen, la libertad para elegir, la confrontación con la realidad desde la pura individualidad, el presente, el viaje y la inmediatez de toda experiencia.

Nunca se había escuchado una voz tan personal como la de Nebbia, identificando el malestar de los jóvenes, su inconformismo se apoyaba no solo en la letra, sino en una forma de presentar la base rítmica y el inolvidable solo de órgano concebido por Ciro.

"Estoy muy solo y triste aquí en este mundo abandonado / Tengo una idea: es la de irme al lugar que yo más quiero / Me falta algo para ir pues caminando yo no puedo / Construiré una balsa y me iré a naufragar".

En la cara b, se podía escuchar" Ayer nomás, en el colegio me enseñaron / que este país es grande y tiene libertad / Hoy desperté y vi mi cuarto / En este mes no tuve mucho que comer / Ayer Nomás, mis familiares me decían / que hay que tener dinero para ser feliz / Hoy desperté vi mi cama y vi mi cuarto, / ya todo es gris y sin sentido, la gente vive sin creer".

En el contexto de un importante desarrollo de artistas como Mercedes Sosa y César Isella integrantes de la llamada "proyección folclórica" atentos a la problemática social; la emergencia de Los

Gatos inmediatamente cobra un valor particular pero abre también un potencial mercado.

Su segundo simple "Solo seremos amigos", vende 100.000 discos instalando al grupo ante la posibilidad de plasmar entre 1967 y fines de 1968 tres álbumes que han mostrado su evolución hacia composiciones musicales más complejas, cercanas al rock duro y también a las experiencias sicodélicas, tal como lo demostraron en "Cuando llegue el año 2000". Los Gatos; Los Gatos, volumen II y "Solo seremos amigos", serían las tres entregas discográficas, con la mirada sobre el presente, fijaban coordenadas ideológicas para las representaciones colectivas, lo que ya indicaba los inicios de una música urbana.

Se destacaban en esas grabaciones": "No hay tiempo que perder"; "El rey lloró"; "Viento dile a la lluvia"; "Chica del paraguas"; "Madre escúchame"; "Antonio"; y "Esperando a Dios". Sus letras claras y directas aseguraban un predominio del relato simple y un entendimiento de las historias abordadas, musicalizadas austeramente.

En 1969 el grupo se separa y se vuelve a reunir a fines de ese mismo año, con Norberto "Pappo" Napolitano en guitarra, junto al resto de los miembros originales, ellos grabaron el L.P. Beat Nro. 1.

Los Gatos incursionaban en un rock mucho más elaborado con constantes cruces de solos entre la guitarra de Pappo y las texturas armónicas del Hammond de Ciro, vinculado a una base rítmica donde la batería (con dos bombos) de Moro, en forma exuberante marcaba un alejamiento de las melodías pop de la primera época.

Los Gatos permanecieron coherentemente fieles a sí mismos logrando una de las refinadas obras conceptuales del momento: "Fuera de la ley", un tema de 11 minutos, en el que se lucían todos los integrantes en una conjunción de imaginación y potencia.

En 1970, presentarían su segundo L.P. "Rock de la mujer perdida", en él se acrecentaría el tránsito por el blues y el rock. Ciro aparecía en la tapa evocando una prostituta, travestido. Originalmente el disco había sido titulado "rock de la mujer podrida" pero fue censurado.

Magníficos temas de estos dos álbumes fueron: "Sueña y corre"; "Soy de cualquier lugar"; "Réquiem para un hombre feliz"; "Hogar" y "Los días de actemio". De la misma manera que: "Mama Rock"; "El día llegará" y "Blues de la calle 23". Con la formación de Pappo's Blues en 1970, comienza la disolución del grupo que se efectiviza en 1971 durante una gira por España de la que ya no participaba Lito Nebbia.

Contemporáneos de Los Beatles, Los Rolling Stones, Los Beach Boys, Los Gatos transitaron su propio camino con estructuras musicales simples en la línea del pop con tendencia a marcar la preeminencia de la melodía sobre los aspectos rítmicos.

Dotaron a sus pinturas de la realidad de una melancólica pátina, matizada por las inflexiones vocales de L.N. hasta complejizar sus temas con los contrapuntos de Ciro y Pappo (1970), suplementados con letras comprometidas, reivindicando comportamientos generacionales e ideológicamente críticos de las instituciones hegemónicas.

CON EL BLUES

Como uno de los emergentes de La Cueva y de su clima emocional, la unión de Javier Martínez (batería y voz), con Claudio Gabis (guitarra) y Alejandro Medina (bajo) generaría la banda fundamental del blues local: Manal. Era el año 1968.

Su primer simple "Para ser un hombre más" y "Qué pena me das", fue editado por la productora independiente creada por Jorge Álvarez con la finalidad de promover los grupos "underground": "Mandioca. La madre de los chicos".

Su segundo disco simple presentó: "No pibe" y "Necesito un amor". Allí J., Martínez escribía: "No debes cambiar tu origen ni mentir sobre tu identidad / Es muy triste negar de donde vienes / lo importante es a donde vas... No, no, no, no, pibe / para que alguien te pueda amar / Nada de eso es importante / en el amor, ya lo verás".

La temática es más cruda, lucha contra el cinismo, buscando las raíces genuinas de la relación interpersonal. El trío suena compacto, la voz de J.M. estremece, es obscura, los punteos de Gabis en la guitarra son creativos y la base de A. Medina es contundente.

En febrero de 1970, editan su primer álbum en el sello Mandioca. Se destacaban: "Jugo de tomate"; "Una casa con diez pinos"; "Informe de un día"; pero sin lugar a dudas el tema central era "Avellaneda Blues" que junto a "Avenida Rivadavia" de Alejandro Medina incorporaba los espacios de la ciudad menos emblemáticos para desplegar en forma aforística unas imágenes casi fotográficas, suspendiendo todo relato, limitándose a mostrar el paisaje urbano poblado de soledades.

La voz grave de Martínez recorre como una mirada el conjunto de signos que presagian el desastre de la desindustrialización de los noventa. La ausencia de conjunciones en la construcción de las frases demuestra un mundo fragmentado: "Vía muerta / calle con asfalto siempre destrozado. / Tren de carga / el humo y el hollín están por todos lados /... Amanece, la avenida desierta pronto se agitará / los obreros fumando impacientes a su trabajo van. / Sur, un trozo de siglo, faja industrial".

El tono con el que se van desarrollando los fraseos de Gabis y de Medina más que musicalizar la letra reniega de tal determinación para vincularse al sonido de la palabra y no a la ilación conceptual. Se ha creado una atmósfera, un ambiente, la palabra ha cedido su voz para ser acorde, ha renunciado ser soporte de contenidos y base de la melodía; aquéllos son la propia forma que como un instrumento transforma al trío en cuarteto.

Manal presentaba en vivo la forma libre, heredada de las "jam sessions", no se restringía a tocar los temas, sino que cada oportunidad era una nueva puesta a prueba en la que los integrantes de la banda improvisaban de acuerdo al clímax receptivo.

La propia idea de recital empieza en Argentina con Manal, en el primer festival de rock organizado por la revista Pin-Up en 1969. La banda dejaba constancia de una energía inusual en sus presentaciones, su distancia con todo estereotipo musical era tan evidente que la propia división interna del trabajo en un grupo con roles prefijados de antemano quedaba transgredida por una indeterminación del evento que solo se constituía en su acción.

La dureza del grupo, las mediaciones estéticas que mediante el blues, el jazz, el scat y el rock plantearon respecto de una mirada desencantada sobre la vida en la ciudad no carecía de burla y cinismo. Si los Gatos demostraron que se podía cantar en castellano, Manal dejó en claro que no había que ser carilindo o gustar con canciones de sacarina, ellos plantearon sin eufemismos una mirada crítica de rechazo e impostura a las convenciones dominantes.

Mandioca pareció ser el espacio libertario apropiado para la banda que fiel a su idealismo, no pudo resistir el salto de escala luego del importante éxito obtenido en el Festival B.A. Rock de 1970. Con cambio de productor y de sello discográfico, Adolfo "Fito" Salinas los lleva a la R.C.A, donde grabaron "Doña Laura" y

"Elena", temas que se mantenían dentro del perfil de los anteriores, pero las exigencias comerciales y las rutinas de grabación de la empresa entraban en contradicción con la bohemia del grupo.

Su segundo L.P: "El león" no sostuvo las banderas enarboladas en la primera entrega, ni fue bien recibido por la crítica especializada, ni la de sus seguidores. Luego vinieron giras interminables, cansancio, tedio y hartazgo. El grupo para 1972 ya se había dispersado y los integrantes formaron parte incidental del proyecto Bond: "La Pesada del Rock and Roll".

Había que salir a la calle para que esas canciones se escucharan, como planteaba Lito Nebbia, pero Manal nos mostró la ciudad, la sordidez y el anonimato. En "Blues de la amenaza nocturna" ya se habla de la represión, la violencia urbana y política constituyéndose como sentido desde el que repensar la existencia misma. La potencia de la negación marca nuestra traducción al blues local, nunca formulado en tales términos.

FIGURACIÓN

En marzo de 1969, el Instituto Di Tella desarrolló una serie de recitales en los que por primera vez tocó en vivo Almendra; la tercera gran banda de los inicios de nuestra cultura rock. Luis Alberto Spinetta, Emilio Del Guercio, Edelmiro Molinari junto a Rodolfo García, fueron un conjunto compuesto por amigos del barrio de Belgrano que aunaron el enorme magnetismo y talento poético de sus integrantes con la capacidad interpretativa grupal.

Ya en 1968 habían editado su primer simple: "Tema de Pototo" y "El mundo entre las manos" apoyados por Ricardo Kleinman, responsable de "Modart en la noche" programa radial de proyección sobre los jóvenes y promotor de un emporio de música "beat" con un sentido decididamente comercial. Si bien el disco no tenía la originalidad de "La balsa" o de "No pibe", permitía entrever una sutileza y una elaboración poética ausente en los anteriores.

Su segundo simple "Hoy todo es hielo en la ciudad" y "Campos verdes" ponía de manifiesto dos vertientes internas que coexistieron en sus posteriores obras, la interpretación subjetiva de la realidad inmediata, mediante ficciones surreales según escrituras complejas y miradas directas sensibles a una cotidianidad idealizada.

Si los dos temas del primer disco referían a la amistad y la posibilidad de amor en un mundo sin fronteras, en el segundo disco su cara A describía una ciudad sumida en un colapso ecológico metafóricamente emocional, en tanto que "Campos verdes" era una mirada distentida sobre un paisaje natural incontaminado estimulando al viaje o a la experiencia del alejamiento de la ciudad.

En enero de 1970 se editaba su primer álbum, ópera prima de calidad, donde todas las potencialidades del grupo cubrían zonas inexploradas por la gente de La Cueva. Era destacable, el refinamiento en la conjunción con otras formas musicales en los arreglos orquestales plasmados por la solvencia de Rodolfo Alchourrón, Santiago Giacobbe y Mederos.

Luis Alberto Spinetta se reveló como un compositor lúcido, Edelmiro Molinari en la primera guitarra desarrollando solos notables como el ejecutado en "Color humano" (tema de su autoría) y Del Guercio junto a Rodolfo García eran la base rítmica creadora de variantes métricas infrecuentes.

La excepcionalidad poética de Muchacha, una de las canciones principales del álbum expresaba un salto cualitativo en las posibilidades del rock. "Muchacha voz de gorrión, ¿adónde vas?, quedate hasta el día / Muchacha pechos de miel, no corras más quédate hasta el día / Duerme un poco yo entretanto construiré un castillo con tu vientre hasta que el sol, muchacha te haga reír, hasta llorar, hasta llorar".

Ciertamente Almendra hacía pensar, sus letras enigmáticas planteaban una distancia artística semiautónoma respecto de realidades cotidianas, al quebrar la inmediatez de los significados, abría el paso a la interpretación libre, quedando todos involucrados en la urdimbre metafórica de un mundo brillante e inesperado pero no exento de angustias existenciales y conflicto.

En el larga duración se destacaban, "Color Humano", "Figuración", "Ana no duerme", "A estos hombres tristes", "Laura va", "Fermín", "Plegaria para un niño dormido". Frases del calibre como: "Figurate, que pierdes la cabeza / sales a la calle / sin embargo el mundo sigue bajo el sol, todo bajo el sol". "Las manos de Fermín giran y él también gira y da más vueltas / pobrecito Fermín quiere ser feliz pero no lo dejan / en el hospicio le darán agua, sol y pan / y un ave que guarde su nombre", abrieron un espacio poético imprescindible para comunicar aún la prohibición.

Almendra incorporó la metáfora urbana implícita y la duración de los temas liberados del imperativo comercial de lo inmediato e implementó el montaje conceptual de ensambles de ritmos diferenciados, según fragmentos temáticos que cambiaban abruptamente el tiempo del acostumbrado sonido estructurado de manera A-B-A o sea: voz-solo de guitarra-voz. En "Hoy todo es hielo en la ciudad" ese tipo de concepción quedaba desmontada, siendo acentuada en "Color Humano" y "Figuración" en la que los silencios o alteraciones de modo regulan las líneas melódicas.

Es editado en 1971 el álbum doble del grupo donde se advertía la diversificación temática y los crecimientos individuales, pero donde igualmente se percibía la dificultad para el logro de una síntesis artística del nivel de la primer entrega discográfica.

La experiencia de la vida como transcurso, quedó plasmada en "Toma el tren hacia el sur", "Para ir", "Rutas Argentinas", en los que el evento local se vuelve territorial en su deambular. Por otro lado, temas como: "Los elefantes", "Parvas", "Cúpulas", abiertamente crípticos permitieron exploraciones sonoras mucho más osadas, con disonancias, contrastes y polirritmias.

En "Agnus Dei", un tema de muy larga duración, el experimentalismo musical deja lugar a las destacadas incursiones de Molinari por un universo sonoro sólo frecuentado internacionalmente por Clapton, Hendrix y Kaukonen en la distorsión, la indeterminación, los acoples, el ruido, o sea la forma libre de componer sin melodía ni relato.

A principios de 1972 Almendra se multiplicaba dividiéndose, Edelmiro formó Color Humano, Luis primero Invisible y luego Pescado Rabioso, en tanto que Emilio y Rodolfo integrarían Aquelarre. Estas dos últimas bandas tendrían una significativa proyección en una hipotética segunda fase del rock local junto con La Máquina de Hacer Pájaros y Seru Girán de Charly García.

DEL SUR

Quilmes y La Plata fueron los escenarios de dos bandas en las que la originalidad de sus propuestas quedó refrendada por su aceptación entre pares y la popularidad en el cinturón del conurbano: Vox Dei y La Cofradía de la Flor Solar.

Los primeros hacían gala de un rock directo y sencillo, cuyas primeras grabaciones en Mandioca, "Azúcar Amarga" y "Quiero ser", sirvieron de prólogo para el álbum "Caliente" de 1970 en el que registrarían sus temas más significativos, "Presente" y "Canción para una mujer".

Vox Dei, integrado por Ricardo Soulé, Willie Quiroga, Rubén Basoalto y Carlos Godoy, ejemplificaba claramente las expectativas de los márgenes metropolitanos con aspereza y sinceridad. Su obra de mayor aceptación fue un trabajo conceptual dentro de las perspectivas que habían generado internacionalmente obras como "Pet Sounds" de los Beach Boys; "Tommy" de los Who; y "Sgt. Peppers Lonely Heart Club Band" de los Beatles.

Se trataba de "La Biblia" una mirada ecuménica desde los universos sureños, con éxito asegurado por las raíces cristianas de nuestro país. Este "Rock Bíblico" rompió las fonteras entre los públicos específicos y los de otros géneros.

La Cofradía de La Flor Solar, se nucleó en torno a estudiantes de la Escuela de Bellas Artes de la Universidad Nacional de La Plata, la fusión entre vida y arte los acercó a las experiencias comunitarias de los grupos de la costa oeste norteamericana, como Jefferson Airplane y Grateful Dead.

En una vieja casa chorizo tenían sus talleres artesanales y precaria sala de ensayos, desde donde se propusieron alcanzar la autosuficiencia económica y artística.

Al igual que las otras bandas antes mencionadas ellos componían sus propios temas. Sin embargo los aportes más originales se producen en la indagación de un lenguaje comunicativo en el que proponían juegos de palabras inventivos y una ausencia de parámetros convencionales en lo musical, una versión entre lúdica y humorística de sus temas.

Alcanzaron a grabar un único disco L.P. y un simple. El grupo estuvo integrado por Kubero Díaz, Quique Gornati, Néstor Paul, Morci Requena y Manija Paz; en la última etapa formó parte el notable violinista de rock Jorge Pinchevski. "La mufa" y "Sombra fugaz sobre la ciudad" fueron dos temas en los que se reflejó el perfil marginal de los cófrades.

"Cuando en la cunita pataleaba / no creí que las cosas me pesaran / nuevos ricotones y queridos / los que envejecieron a mi ombligo / y contrají mufa y contrají mufa". "Trueno gira por la ciudad con su aullido brutal de neón / rostros que van por el horror sin un gesto vacíos de amor / Soy la sombra fugaz que va por la ciudad / persiguiéndolo todo sin hablar / observando la soledad / escuchando de pié en sus gritos de angustia y dolor".

La banda se consagró en el ámbito nacional en el Festival B.A. Rock, pero careció de una mayor proyección posteriormente, en parte debido a la imposibilidad de cristalizar su proyecto en el contexto epocal, en parte por una voluntad de independencia reñida con las exigencias de las companías discográficas; a su disolución Kubero y Pinchevski se acoplan a "La Pesada del Rock and Roll".

El resto de los miembros viaja al Bolsón; en el sur plantearon una nueva etapa de sus búsquedas para otros modelos de sociabilidad, la utopía comunitaria urbana se exilaba interiormente en busca de la naturaleza, el amor y la paz.

TANGUITO, MIGUEL ABUELO Y MORIS

La formación de los conjuntos establecía una épica colectiva, "el codo a codo" para sostener sus proyectos. Pero, para quienes su individualismo dificultaba la necesaria disciplina de pertenecer a una banda, quedaba el camino de ser solista.

Éste fue el lugar elegido por José Alberto Iglesias, conocido como Tango, Tanguito, Ramsés VII. La figura más controvertida y mítica de los inicios de nuestro rock, coautor de "La balsa" junto a L. Nebbia en la sala acústica de La Perla del Once: su baño, apropiado por los "náufragos" para bocetar sus canciones. Quedó como testimonio de su anárquico pensamiento un disco simple "La princesa dorada" y "El hombre restante".

Durante 1970 grabó un L.P. que incluía su propia versión de "La Balsa", la frescura de "Amor de primavera" y "Natural". Lamentablemente el trabajo se presentó luego de la muerte de Tanguito en mayo de 1972.

Era evidente la producción despareja y el trabajo de Jorge Álvarez en el esfuerzo para darle coherencia al material fragmentariamente grabado, dejando como saldo, mas un legado histórico que una obra de calidad.

La vida de Tanguito se consumió en los excesos de un deambular por la marginalidad que finalmente se reveló autodestructiva, entre el consumo de drogas y una ruptura casi total con las pautas sociales establecidas. "Yo soy lo que queda / lo que resta de este mal / no sé cómo el destino/me obligó a superar el caos de la guerra / y quedar aquí en la tierra / para ver esto y llorar". "El hombre restante". (Tanguito).

Miguel (Abuelo) Peralta, fue otro de los personajes del Once, junto a Pipo Lernoud, en 1967, organizan a Los Abuelos de La Nada, uno de los grupos más efímeros de esos días; graban para el sello R.C.A. un simple donde se destacaba una experimentación psicodélica original: "Diana divaga" solo comparable a "See Emily play" del Pink Floyd de Sid Barret. La banda, sin embargo, caótica y desorganizada no consigue afirmarse a pesar de la calidad individual de sus integrantes. Sin éxito comercial el grupo se separa.

La emoción, la autenticidad, el barrio, pensiones baratas, lo cotidiano son los materiales poéticos que trabajó Mauricio Birabent (Moris) en los iconos de la forma estética naciente. Hoy son una evidencia de esos encuentros "El Oso", "De nada sirve" y "Ayer nomás".

Esta figura que supo aunar su admiración por Elvis Presley, Joao Gilberto y Dylan, en 1969 grabaría uno de los L.P. más crudamente honestos del rock local: "30 minutos de vida". Se realizó en el sello Mandioca, junto a la colaboración de Pappo y C. Gabbis. En él queda claro un perfil contestatario y sensible de los náufragos de La Perla del Once, poéticamente muestra su soledad en la multitud, el clima asfixiante de las normas establecidas con una mirada irreverente pero tierna y airada a la vez.

TIEMPOS DE CAMBIO

En el plano local, el 20 de junio de 1966, el Dr. Humberto Íllia presidente constitucional fue destituido por el golpe militar del general (R)J.C. Onganía, quien censuró los medios de comunicación, prohibió toda actividad política y mantuvo medidas económicas antipopulares, desarticulando el respeto a las libertades civiles y la labor educativa cultural del gobierno democrático.

El 29 de julio de 1966 se produjo "La noche de los bastones largos" en la que alumnos, docentes e investigadores universitarios son apaleados y echados de las casas de altos estudios que serían intervenidas. Comenzaba así una larga marcha de oscurantismo, contexto real en el que tuvo inicio la primera fase del rock en nuestro país.

En esta dirección cobra relevancia la constelación de sentido que se puede construir como una arqueología local, en función de los pares de oposiciones en las que se identifica la figura del que busca su camino haciéndolo en condiciones adversas: "el náufrago".

La idea de naufragio va más allá de la metáfora, es consustancial con la deriva, el destino ausente y el aislamiento. Han sido funcionales a esta percepción, oposiciones como la de ciudad/no-ciudad; entre lo público/privado; lo colectivo/individual; la permanencia/cambio; el ocultamiento/descubrimiento.

En todos los casos el primer término de la oposición fue asumido negativamente. La falta de un sujeto colectivo, la fuga geográfica o cósmica, el recurso al mito, el universalismo sin lugar, son algunos de los tópicos que denotan las ausencias y las formas de afrontar contradicciones de difícil solución por la vía artística. Sus figuras son anti-heroicas llevan a la negación del ídolo. El fracaso adquiere forma paradójica, al producir la inversión de los mitos positivos de la sociedad consumista: el triunfador y el conformista.

Su figura, tiene una potencia utópica desapercibida, su fuerza radica en el movimiento por construir nuevas realidades desde los intersticios, la banalidad o los hábitos residuales de la vida urbana. Por eso, la búsqueda de la comunidad, la ruptura con la ley o el ejercicio de la rebeldía; en una perspectiva de cambio histórico cobra sentido como una evidencia del resquebrajamiento de estructuras de comportamiento pensadas sin dinámica social e inmodificable.

El naufragio supone la adversidad como fuente de potencia y la fragilidad como condición de extrema sensibilidad para la toma de conciencia en las propias posibilidades.

Pero también se sabía que para superar el anonimato era necesario acceder a los circuitos de comercialización: "Escala Musical", "Sótano beat", "Sábados continuados" en la televisión; "Modart en la noche" o "Música con Thompson &Williams" en la radiofonía olas grandes empresas discográficas internacionales con sedes locales: R.C.A. y Odeón. Por otra parte con el surgimiento de la revista Pin-Up y Pelo identificaba un público que tendrá en Expreso Imaginario su manifestación contracultural.

Serán su provisionalidad crítica y el vitalismo, las líneas de fuerza por las que se desarrollaron los inicios de nuestro rock. Estas notas incompletas, intentan vincular aquellas tensas metáforas urbanas iluminando zonas poco exploradas de nuestra condición cultural.

Bibliografía:

Historia del Rock. Enciclopedia. Diario La Nación. 1993.

HistoRock. Edit. Alas. 1993.

"Cómo vino la mano". Miguel Grinberg. Edit. Convergencia. 1977.

"Agarrate". Edit. Galerna. 1970.

Revista Pin-up Nros. 1-2;

Revista Pelo Nros. 1 a 10;

Revista Expreso Imaginario Nros. 1 a 5.

PSICOGRAFÍAS URBANAS

Notas sobre la construcción de una mirada crítica en los espacios metropolitanos.

1. ¿Qué hay más allá de las representaciones de la ciudad? ¿Acaso no se tornan inconsistentes los argumentos que concurren a la definición de su concepto por resistirse a las intersubjetividades? La pregunta que preside este párrafo presume la representación como el medio cognoscitivo por el que se actualiza la presencia de lo urbano a través de la mediación entre sistemas pertenecientes al orden del discurso, configuraciones e imágenes mentales. El sentido de totalidad al que inmediatamente nos predispone la posibilidad de enunciar el concepto mismo de ciudad, colisiona abiertamente con el carácter experiencial que de su objeto tenemos cada uno de nosotros, hoy y aquí. En efecto, nuestra memoria en tanto que manifestación retrospectiva constituye el campo de la conciencia toda oportunidad en la que tal noción se hace presente.

Es activado así un maravilloso conjunto de imágenes y construcciones mentales, en los que las secuencias lógicas parecen desvanescerse en beneficio de asociaciones libres y circunstanciales ligadas a la condición eventual de intercambios suscitados en los espacios metropolitanos. Tal noción de totalidad, así como una representación abarcante de sus implicancias tridimensionales, es puesta en cuestión cuando se la reemplaza por la experiencia del cuerpo en el espacio público.

2. Así objeto entre objetos, sujeto de acontecimientos indetermi-
nados, fuera de las rutinas prescritas por las relaciones repro-
ductoras de la dialéctica ocio-trabajo, el recorrer según la
técnica de la deriva(a) una ciudad no sólo deviene experiencia
de una práxis vital revaluada, sino tambien identificación de
lenguas y subculturas urbanas coexistentes en un marco de
simultaneidad e inarticulaciones. En ellas la yuxtaposición
parece ser la regla y no la excepción de un universo figurativo
en constante transformación. En efecto, eliminada una relación
de causalidad por la regularidad de una repetición configurada
como itinerario, la deriva desestructura los "lugares" de su
representación estereotipada y libera de su "naturalización"
espacios urbanos en los que códigos de una cultura pública se
desenvuelven. Es posible, organizar así, una nueva mirada desde
la que el fragmento asume ahora la particularidad despojado
de todo valor, colocándolo en una perspectiva, en la que el
principio de articulación ha sido sustituido por intensidades,
medidas, acumulación, etc.

Esta visión refiere a la percepción de una construcción colectiva
que se nos presenta como evidencia de la ciudad concreta, del
lugar urbano por excelencia solo interferido por las grandes y
mensurables estrategias políticas formalizadas sobre los espacios
públicos, avenidas, plazas, parques y edificios institucionales. La
deriva contribuye a crear unas nuevas relaciones de posición entre
los espacios determinados estructuralmente por los usos econó-
micos del suelo urbano y su maximización rentable; en cierto
sentido podría llegar a suponerse en ella una visión hedonista,
mediante la que una convicción puro-visualista implique una falta
de compromiso con el desmontaje crítico de tales realidades.

Sin embargo, una percepción rigurosa de la deriva supone asumir
la densidad mediante las que cuerpos, objetos u sujetos son
sometidos a las determinaciones de factores que prescriben
conductas, e instalan rutinas donde los hábitos de clase subsumen

los principales patrones de comportamiento sociales en el espacio. Así, las derivas individuales o grupales, motivadas por el accionar crítico de unas categorías sustentadas en el desmantelamiento de las barreras epistemólógicas constituidas en torno a nociones de belleza o cualidad tradicionales, proceden a construir un conjunto de imágenes en las que la razón se despliega negativamente. Ella es confrontada con los valores de verdad sedimentados, por las formas de la mercancía en el dilatado campo de la información simbólica, presentado en la metrópolis espectacular, como signo privilegiado de una industria cultural que ha instalado el mapeo turístico y la aventura mediática, sustituyendo los experimentos urbanos comprometidos con la transformación o la revuelta de las tradiciones revolucionarias del siglo XX.

3. Nos referimos aquí a una predisposición mental a partir de la que la deriva asume los riesgos, de los bordes y orillas, de las fricciones entre actores sociales en conflicto, produciendo un mapeo cognitivo de representaciones imperfectas. Siendo éstos irreductibles a unidades ideales o a la metafísica de la permanencia, son percibidos formalmente como fragmentos suspendidos en un acontecer dominado por el vacío y la maximización de los valores de cambio. En la línea de las "serate" futuristas o del "asco" dadaista, los situacionistas han localizado un conjunto de miradas sobre la metrópolis contemporánea desmitificando la objetividad de sus comportamientos heredados a través de conformaciones y configuraciones consideradas patrimonio inmutable, testimonio de los actos de unas épicas fundacionales que necesariamente, a fines de siglo se confrontan con visiones no tan optimistas como las del inicio del ciclo progresista de esperanza en los valores de la razón iluminista.

La experiencia se sitúa en un conjunto de registros muy abiertos, altamente implicantes de realidades culturales diferenciadas, en el filo de la negación del sujeto, entre la diversidad ampliada de los estímulos nerviosos y la indiferencia perceptiva producto de un anonadamiento de los sentidos producida por la saturación de una sensibilidad aleatoria y desordenada. Frente a tal constatación, la dialéctica situacionista restablece la primacía de la razón como lazo de inteligibilidad entre un yo constituido en sujeto crítico de su ensimismamiento como rechazo a la "otredad" de lo público y los intercambios posibles con un mundo de acontecimientos efímeros donde lo que permanece es la voluntad de representación y de poder. Los aspectos retrospectivos y prospectivos de estos movimientos cristalizan en el presente su proceso de reacomodamiento a la situación de abrirse a la totalidad de estímulos, los que al perder las jerarquías de las figuras retóricas de legitimación ideológica, derivan como significantes dispuestos a su convalidación por una reconfiguración sustitiva, en un intercambio interminable de interpretaciones liberadas de las convenciones, proclive a su reinscripción en un nuevo proceso de modos significantes.

4. Estas miradas se localizan en un conjunto de perspectivas que al tomar distancia de la noción de paisaje, o a la de imagen de la ciudad, como referencias explícitas a las cuestiones ya exploradas por Gordon Cullen y Kevin Lynch, guardan solo por proximidad una relación del entendimiento de los hechos urbanos mediante la arquitectura en Aldo Rossi y su ciudad análoga, así como de las lecturas ensayadas por Collin Rowe en "Collage City". En efecto, relacionadas con las últimas dos posiciones se asume la ciudad por partes, constituida por una serie de montajes, representaciones de la multiplicidad de proyectos de dominio que se refractan estéticamente en un conjunto de presencias, en las que la formalización analítica de su proceso de fragmentación se presenta como enigmática o en el peor de los casos no sujeta a ninguna interrogación autocrítica. El alto nivel de implicación de la deriva con los fenómenos urbanos, transforma la presencia de su objeto de estudios (la metrópolis misma) en una articulada constelación donde la construcción de la mirada se va formulando conforme al desarrollo de la experiencia, constituyéndose en

sí misma sustancia de su análisis. Objetos, sujetos, situaciones y acontecimientos son entrelazados, por momentos se confunden.

Suele definirse al efecto de extrañamiento una de las consecuencias directamente observables en la proliferación de signos en los que la imagen de la ciudad parece diluirse para reaparecer bajo el dominio de lo heterogéneo dentro de un conjunto de relaciones de escala, proporciones, distancias y cercanías en las que no sólo la arquitectura se funde con una topografía del artificio, sino donde el propio sujeto se consustancia con la contingencia de un juego de lenguajes en el cual se ha perdido toda dimensión ontológica. Este desvanecimiento del ser en las cosas, marca el punto donde la deriva se resuelve, quebrando el concepto de itinerario, la idea de viaje o la presencia del recorrido. Se ha producido una experiencia psicográfica de la cual han de ser testimonios registros fotográficos, relatos inconexos (en apariencia), imágenes fílmicas, aforismos, o croquis de situación. Esta experiencia en la que sujeto y objetos se funden en una dialéctica, cuyas polaridades no se anulan, refiere a las tradiciones de las escrituras automáticas, tanto como a las psicogeografías (b) o modalidades pre-concientes de las organizaciones artísticas surrealistas, tales como las encontramos en Max Ernst o en Duchamp.

En tanto que materiales vivenciados, las psicografías urbanas se inscriben en un proceso en vías de racionalización a apartir del cual, el conjunto de objetos empíricos es modificado y modelado sustrayéndolo de su condición informe para reconstituirlo en materiales de nuevos episodios cognoscitivos. Por lo tanto las dimensiones ocultas, o reprimidas son reabsorbidas desde su pura negatividad, asumiendo el kitch y la imagen bizarra como opacidad necesarias al imaginario de una ciudad conflictivamente vital. Unas intersubjetividades constituidas con la ruptura del encantamiento de las imágenes ideales o la generales modelizaciones mediáticas, nos acerca a un mundo concreto donde la ciudad se muestra desde silencios, intersticios, hiatos; un verdadero campo exploratorio de configuraciones irrestrictas, oscilantes entre la espectacularidad y el anonimato.

En este sentido la ciudad se nos presenta como una heterotopía, ámbito de los acuerdos, las disidencias, representación cambiante de la discontinuidad, diferencia y alteridad. La metrópolis revela la paleta moderna de la construcción civilizatoria en la concentración y su densificada realidad. Es por lo tanto la dialéctica entre el orden y el desorden como ya lo ha señalado Manfredo Tafuri, el marco estructural desde donde se configura el orden aparente de la ciudad, siendo asumida en esta fase histórica como registro significativo de los cambios introducidos por la industria cultural en los procesos inductivos de persuasión dirigidas a las representaciones socialmente aceptadas.

La arquitectura asumida como principio de selección (Le Corbusier), objeto en el que se inscribe la reflexión de la cultura urbana sobre su condición ambiental, es relativizada por las alteraciones de escala y las constantes yuxtaposiciones de signos y mensajes, los que al colisionar con la semanticidad propia de la disciplina la repliega a un plano subsidiario dominado por el arte de la simulación. Se podría afirmar que la arquitectura, sus modelos paradigmáticos, sus referentes conceptuales y formales, en este campo de experiencias instalado por la deriva ha desaparecido como objeto singular de relevancia, asumiendo los espacios públicos y sus configuraciones de borde el papel de unas totalidades arquitectónicas-urbanas informes. Antes bien, lo que tales miradas relevan es un conjunto de signos heterojerárquicos, en los que la arquitectura en el mejor de los casos es soporte.

Glosario:

Situacionista. "Lo que se relaciona con la teoría o la actividad práctica de una construcción de situaciones. El que se dedica a construir situaciones. Miembro de la Internacional Situacionista.

a) Deriva. "Modo de comportamiento experimental ligado a las condiciones de la sociedad urbana: técnica de paso apresurado a través de ambientes variados. Se usa tambien, más particularmente, para designar la duración de un ejercicio continuo de esta experiencia".

b) Psicogeografía. "Estudio de los efectos del medio geográfico, ordenado conscientemente o no, actuando directamente sobre el comportamiento afectivo de los individuos".

Bibliografía:

Debord Guy. *La Sociedad del espectáculo.* La Marca. Biblioteca de la mirada. 1999.

Jameson Fredric. *El giro cultural.* Manantial. 1999.

Marcus Greil. *Rastros de Carmín.* Anagrama. Colección argumentos. 1993.

Ponencia de cátedra en las Jornadas sobre Imaginarios Urbanos. 1999. FADU. UBA. Arquitectos Cabarrou-Crubellati-Mele-Zaitch.

Post-data.
"LA BELLEZA SERÁ CONVULSIVA O NO SERÁ"

(Andre Bretón).

Así se podía leer una de las tantas leyendas en las paredes de la Sorbona, en ocasión de producirse la irrupción del acontecimiento en las calles de París. Mayo del 68 contundente y efímero a la vez, convulsionó las mentalidades y conductas conservadoras que para fines de la década se resquebrajaba frente a la presión del nuevo sujeto social activo, provocativo y cuestionador que fue y es la juventud. Una ola insurreccional, entre revolucionaria y libertaria, plena de un erotismo político inusitado, indeterminada pero resuelta como una ola imprevista recorrió los principales centros universitarios del mundo.

Las imágenes que llegaban de la estructurada y controlada ciudad orgullo del Barón Haussman ahora se veía desbordada, la muchedumbre había ganado la calle, esa gran y feliz metáfora acuñada por Baudelaire o Poe, retomada luego por Walter Benjamin en sus estudios sobre la metrópolis. "La poesía está en la calle" Calle Rotrou; "Tomen sus deseos por realidades" Sorbona; "Profesores ustedes nos hacen envejecer", Sorbona.

Muros epigrafeados, flujos transformados en plasma revolucionario, mutación de los espacios públicos por cooptación indeterminada de movimiento sin fin... tal clímax y paroxismo estético parece hoy desdibujado por la perspectiva histórica de un horizonte menos optimista que aquél que propugnaba el cambio permanente...

Por esos tiempos Jean Luc Godard había identificado a los Rolling Stones como iconos de una revolución cultural que tenía en el rock una de sus banderas, el intento de filmar One Plus One, ha quedado en algún VHS y en You Tube, pero en Beggars Banquet, el último álbum completo de los Stones con Brian Jones, los ecos de esos episodios se dejaban escuchar en "Street fighting man", refiriendo a las luchas callejeras de ese año....

París era una fiesta, guiado por "El nada me importa erigido en sistema" Nanterre.

Acaso la ciudad iluminada por la marea roja, mostraba la cara de las barricadas, el espontaneismo y la ingenuidad neodadaísta de una hipotética y nihilista revolución permanente. Probablemente

el sueño de la Nueva Babilonia de Constant, se viera reflejado en esos escenarios desbordados donde lo improbable ocurrió y lo impredecible descubrió su norma.

Como en otros acontecimientos de fines del siglo XX unas cuantas puertas se abrieron o fueron forzadas, se pudo ver el paraíso? Y no se pudo llegar al tiempo histórico adelantado que obviamente se desfasó de las estructuras institucionales. Cohn Bendit, "Dany le rouge", afirma hoy que fue un fracaso en lo político; pero es indudable que la dialéctica por la diferencia estaba dada y a partir de allí, muchos aspectos comportamentales, éticos, morales y estéticos jamás volvieron a ser los mismos.

Esa condición de inestabilidad, duda, sospecha y posibilidad alentó a muchos de nosotros pero también nos dejó perplejos, todas las barreras podían ser trasvasadas... lógicamente era la "Imaginación al poder", en tanto que desde el poder de la imaginación otros iconos del cambio, Los Beatles, en las dos versiones de Revolution, primero la aceptaban y adherían, luego tomaban distancia corriéndose de plano... en la sociedad del espectáculo como había planteado Guy Debord solamente la vanguardia de la presencia podría saldar los goces aparentes de un mundo socialmente administrado y sus estructuras de cohesión/coerción... en M68 esto pareció ser posible.

EPÍLOGO

DESDE EL AULA 313

Los relatos que preceden este texto, marcan fragmentariamente aquellas impresiones vitales que no han dejado de frecuentarme durante todos estos años.

Siempre me ha interesado la energía histórica mediante la que se constituyen los acontecimientos y los eventos artísticos, en contraposición a la arquitectura que tiende a permanecer, enraizándose como una referencia cultural estable.

Esta diferencia de potencial entre lo inesperado, efímero y cambiante de ciertas manifestaciones estéticas, frente a la constancia de lo que permanece, es lo que he tratado de reflejar aquí y transferir mediante un tipo de sensibilidad relacionada con el hecho experiencial de un mundo subjetivo minimizado por las perspectivas positivistas de la percepción de lo real.

Muchas veces he sostenido que las modalidades del pensamiento arquitectónico están abiertas y son variables de acuerdo al sujeto y a la formación cultural que las potencia y produce dentro de un marco histórico preciso.

Quizás uno pueda decir, como Wolf Prix que sus referentes básicos han sido los Rolling Stones y no tanto la contemporaneidad de ciertas experiencias arquitectónicas.

En oportunidades, un impulso estético extra-disciplinar fugaz pero de enorme consistencia puede traducirse en el estímulo para una mutación entre lenguajes.

Éstas puedan renovar y plantear otros códigos frente a los estereotipos cosificados de una praxis artística sin alternativas críticas.

En el umbral de grandes cambios de paradigmas, la configuración de universos artísticos heterogéneos contribuye a pensar y reflexionar sobre las posibilidades de interacciones epistemológicas que recorren el panorama de un mundo que se transforma.

Estos escritos intentan vincular ámbitos aparentemente diferenciados de la experiencia estética en disposición de contribuir a organizar imaginarios de forma inclusiva permeables a navegaciones por los espacios de las diacronías y las sincronías, sin principio ni fin.

Quizás en la búsqueda de un nuevo tipo de recepción estética, maravillosamente cambiante nuestra arquitectura adquiera el tono cuestionador que muchos pioneros de las vanguardias históricas supieron tener.

www.ingramcontent.com/pod-product-compliance
Lightning Source LLC
Chambersburg PA
CBHW052227150726
48002CB00003B/1318